PETIT

DICTIONNAIRE

PORTATIF

POLITIQUE ET PARLEMENTAIRE

PITHIVIERS

IMPRIMERIE-LIBRAIRIE FORTEAU

—

1892

AVANT-PROPOS

Bien souvent on lit dans les journaux certains termes dont l'exacte signification échappe à un grand nombre de lecteurs, qui n'ont pas sous la main les dictionnaires de l'Académie française ou de Larousse. Dans ces coûteux ouvrages, un grand nombre de ces mots ne sont même pas définis. Nous avons cru pouvoir combler cette lacune et rendre ainsi un service inestimable à grand nombre de nos concitoyens. Ce petit livre, à la portée de tous, est destiné à devenir le *vade mecum* obligé des électeurs et des maîtres d'école. Le gouvernement a déjà fait énormément pour l'instruction des masses, mais il devra reconnaître que nous lui venons puissamment en aide, et que nous faisons œuvre de bon citoyen. Aussi nous ne doutons pas qu'après avoir lu ce modeste opuscule, M. le Ministre de l'Instruction publique ne nous honore de la plus haute récompense dont il puisse disposer.

Novembre 1892.

L'AUTEUR.

PETIT DICTIONNAIRE

PORTATIF

POLITIQUE ET PARLEMENTAIRE

A

Abroger. — On abroge une loi pour la remplacer par une autre plus mal faite, mais moins libérale.

Abus. — Quand on est candidat on demande la réforme d'une foule d'abus, mais quand on est au pouvoir on s'évertue à en créer de nouveaux.

Activité. — On confond souvent à tort ce mot avec administration.

Administration. — Ensemble des agents du gouvernement qui interviennent dans les affaires les plus simples pour en rendre la solution longue et compliquée.

Ajourner. — Ajourner une question, l'enterrer. Ce sont les affaires importantes que l'on ajourne.

Alcool. — Produit chimique qui, traité convenablement, sert à fournir des millions au Trésor. Cette matière s'extrait d'une foule de choses innommées et horribles. Autrefois on l'appelait esprit de vin, parce qu'elle était tirée du vin Français, qui donnait aux habitants de notre pays, l'*esprit*, la délicatesse, la fine gaieté. Aujourd'hui, nous ne consommons plus que de l'alcool et nous devenons insensiblement lourds comme des teutons et spirituels comme des Prussiens.

Allumette. — Petit morceau de bois imprégné d'une matière inflammable, objet de première nécessité, c'est-à-dire fortement imposé.

N. B. — Les allumettes de l'Etat sont les seules qui ne s'enflamment pas par le frottement.

Amorce. — Piège pour prendre les poissons, les oiseaux et les électeurs.

Amortissement. — Extinction d'une dette. Ce mot n'est plus employé.

Anarchiste. — Celui qui a entendu parler de l'assiette au beurre, et qui voudrait bien savoir ce qu'il y a dedans.

Apprivoiser. — Les ministres savent apprivoiser les députés et les journaux farouches en leur donnant la pâtée.

Aristocratie. — Gouvernement où le pouvoir est exercé par un petit nombre de personnes considérables par leur mérite, leur savoir, leur expérience.

La République Française n'est pas un gouvernement aristocratique.

Arriver. — Obtenir le succès désiré. Pour arriver en politique tous les moyens sont bons.

Assiette. — Il y a deux sortes d'assiette : l'assiette de l'impôt, c'est affaire entre le ministre des finances et les contribuables.

L'assiette au beurre. Ça regarde les intrigants, ou mieux les intrigants la regardent.

Attentat. — Entreprise criminelle ou illégale contre le gouvernement, en général tout acte d'opposition commis par un adversaire.

Austère. — Rigoureux, sévère, inflexible.

M. Grévy était austère, M. Carnot est honnête.

Avanie. — Affront humiliant qu'*essuient* les hommes politiques, aussi n'en reste-t-il pas de trace.

B

Bâcler. — Expédier un travail à la hâte, voter des lois.

Balai. — Ustensile qui sert à nettoyer, à enlever les ordures. L'Académie cite cet exemple : « il faudra passer le balai dans la chambre ». On s'explique pourquoi l'Académie est considérée par nos gouvernants comme un repaire de réactionnaires.

Besogne. — A la Chambre il y a toujours énormément de besogne... sur la planche.

Bouillie *pour les chats.* — La principale fabrique de cette matière se trouve à la Chambre des députés.

Bourgeois. — Celui qui porte un paletot de la Belle Jardinière. Ceux qui se font habiller chez les grands tailleurs qu'ils ne paient pas sont des aristos.

Des bourgeois n'en faut pas, parce que ça sert à faire des ministres.

Branlant. — Se dit de quelque chose de mal assuré, qui penche tantôt à droite tantôt à gauche. Ex. : un ministre.

Brioche. — Sorte de pâtisserie que fabriquent spécialement les hommes politiques.

Brouillon. — Député, conseiller général, conseiller municipal.

Budget. — Très grosse bourse, qui sert à mettre les économies des contribuables.

Buvette. — Local où se réunissent de préférence nos honorables, même pendant les séances.

C

Cabaret. — Lieu où se réunissent les ouvriers pour payer l'impôt sur l'alcool, et enrichir le marchand de vin qui devient conseiller municipal et même député.

Cabotin. — Il y en a autre part qu'au théâtre.

Caducité. — (v. Sénateur).

Candidat. — Chez les Romains les candidats étaient revêtus d'une robe blanche, comme signe de la candeur de leur âme. On a renoncé depuis longtemps à cet usage.

Cantonnier. — Electeur payé pour ne pas travailler à l'entretien des routes.

Capable (CAPACITÉ). — Qualité complètement inutile à un ministre. Cependant il y a des gens qui prétendent qu'ils sont capables de tout.

Carte. — Petit morceau de carton dont le contribuable ne voit jamais le dessous.

Catholique. — Bête noire des radicaux.

Cauchemar. — Rêve effrayant auquel sont sujets les ministres.

Compte. — Sorte de calcul que le ministre des finances cherche à ne pas faire comprendre aux Chambres.

Il y a des gens qui écrivent *conte*.

Congrégations. — Réunion de factieux qui, au mépris de la Constitution, entretiennent journellement des intelligences avec une puissance étrangère, un nommé Dieu, se prétendant souverain du ciel et de la terre, et a l'audace de se dire protecteur de la France, tout comme M. Carnot est protecteur du Tonkin.

Conscience. — Vieux mot, qui ne se trouve plus que dans des anciens dictionnaires.

Conseil *d'arrondissement*. — Assemblée de messieurs qui se réunissent une fois par an pour dîner chez le sous-préfet.

Conseil *municipal*. — Réunion des hommes les plus intelligents et les plus intègres d'une commune.

On prétend qn'on a vu parfois des conseillers municipaux d'une incapacité notoire, mais c'est une calomnie.

Conspiration. — Conspirer contre la sûreté de l'Etat, c'est former un dessein secret de renverser les ministres pour prendre leur place.

Conversion. — Moyen de payer aux rentiers un intérêt moindre, tout en leur demandant de l'argent en retour.

On appelle aussi conversion, un changement de

croyance. On dit d'un député qui avait toujours été de l'opposition et qui vote avec acharnement pour le ministère, qu'il a fait une conversion désintéressée.

Conservateur. — Celui qui a été au pouvoir et qui voudrait bien y revenir et *conserver* son influence, même en renversant la République (v. Révolutionnaire).

Corruption. — Moyen employé par les cléricaux et les réactionnaires, pour obtenir le suffrage de leurs concitoyens.

Cramponner (se). — S'attacher fortement à une chose. Les ministres se cramponnent à leur portefeuille.

Critiquer. — Trouver à redire à quelque chose.

Il est défendu de critiquer la Constitution. Celui qui le fait conspire contre la sûreté de l'Etat.

Curé. — Homme qui porte une soutane noire et dont le nom seul fait courir les plus grands dangers à la République.

D

Dégrèvement. — Ce mot est vieux. On l'emploie encore par habitude dans les professions de foi, mais personne n'en comprend plus le sens.

Délateur (DÉLATION). — Sous les régimes déchus les délateurs jouaient un grand rôle dans la politique. Mais aujourd'hui la délation est justement flétrie, et les ministres n'en tiennent aucun compte.

Démocratie. — Gouvernement du peuple par le peuple. La République française est un gouvernement démocratique.

Député. — Individu qui reçoit 25 fr. par jour pour mettre des bulletins dans une boîte.

Il n'est pas nécessaire de savoir ce qu'on fait, il y a même des députés qui sont incapables de voter euxmêmes et qui chargent leur voisin de ce soin.

Droit. — De tous les droits reconnus par la célèbre déclaration des droits de l'homme, il ne reste guère que

le droit... du plus fort, c'est-à-dire celui du gouvernement, qui en profite pour en percevoir de fort élevés sur
les contribuables.

Dupe. — Actionnaire, électeur.

Dynamite. — Substance explosible dont l'Etat surveille
avec le plus grand soin la fabrication, la vente et l'usage.
Les anarchistes en sont toujours abondamment pourvus.

E

Evêque. — Fonctionnaire qui porte un vêtement violet
et dont on peut supprimer arbitrairement le traitement.
On demande ce que deviennent les traitements supprimés ?

Equilibre. — L'équilibre instable est celui des minis-
tres. || *Equilibre du budget*, fiction parlementaire en
vertu de laquelle on suppose que les recettes sont supé-
rieures aux dépenses. En réalité, c'est le contraire qui
a toujours lieu.

F

Fainéant. — Le contraire de fonctionnaire.

Factieux. — Celui qui soutient que les ministres ne sont
pas toujours dans le vrai.

Faveur. — Sous la tyrannie un grand nombre de places
se donnaient à la faveur. Aujourd'hui, il n'y a plus de
places de faveur que dans les théâtres, et encore quelques
directeurs parlent de les supprimer.

Finances. — L'art d'asseoir, de régir et de percevoir les
impositions, et surtout de les dépenser.

Les ministres, à quelque parti qu'ils appartiennent,
sont tous fort experts en cette matière. Sous les régimes
corrompus, et heureusement tombés, qui ont précédé le
gouvernement actuel, l s ministres dilapidaient les
finances à des choses complètement inutiles, comme
créer des sinécures, donner des pensions, subventionner

les Journaux, préparer des élections. Aujourd'hui ces abus ont cessé.

Financier. — Celui qui est obligé de s'enrichir avec l'argent des autres, parce que s'il se ruine on le poursuit en police correctionnelle.

Flatterie. — Louange donnée au gouvernement par les journaux subventionnés.

Flatteur. — Celui qui voudrait bien avoir une place grassement rétribuée.

Fragilité. — Qualité essentielle d'un ministère.

Franchise. — Sincérité, loyauté. Qualité dominante chez les ministres et les fonctionnaires politiques.

Franc-Maçonnerie. — Moyen infaillible d'arriver aux honneurs et surtout aux emplois rétribués.

Fraternité. — Mot qu'on inscrit sur les monuments publics.

Fournée. — Série de gens qu'on décore le 14 Juillet de la Légion d'honneur ou du Poireau.

On dit aussi expédier une fournée de lois la veille des vacances parlementaires.

Fusil. — Arme à feu portative que les hommes politiques changent d'épaule.

G

Gauche. — Se dit de ce qui est mal fait, mal tourné, sans grâce. Ex. : Le Centre Gauche.

Gendarmerie. — Corps militaire chargé d'assurer la tranquilité publique. Ex. : Porter des convocations aux jurés, viser les livrets militaires, rechercher les réfractaires, porter des ordres administratifs, faire des rapports politiques, recueillir le résultat des élections, passer des revues, astiquer le fourniment, etc., etc.

Glissant. — Se dit de la difficulté qu'il y a de se maintenir en faveur ou en crédit. Ex. : Le parquet est un terrain glissant.

Gouffre. — Cavité large et profonde (v. Budget).

Grève. — Institution qui sert à faire manger aux ouvriers leurs économies, et à faire nommer députés quelques meneurs à court d'argent.

Gueule. — Terme de blason, couleur rouge, attribut des membres de l'extrême gauche.

Guitare. — Instrument de musique, ou institution libérale démodés.

H

Hanneton. — (v. Député.)

Honneur. — Ce mot a vieilli.

Hôpital. — (v. Sénat).

Hydre. — Serpent fabuleux que les gouvernements cherchent à détruire par tous les moyens possibles, mais vainement. Ex : l'Hydre de la réaction, du cléricalisme.

Hystérie. — Maladie chronique spéciale aux femmes et aux députés en séance.

I

Illégalité. — Tout ce que fait le gouvernement est légal parce qu'il fait voter des lois en conséquence. Ça ne veut pas dire que ça soit juste.

Illumination. — Réjouissance spontanée des citoyens qui se félicitent d'avoir un gouvernement si parfait.

Inaugurer. — Inaugurer un monument, une école, une pissotière. Prononcer un discours pour établir que le peuple est heureux sous un gouvernement idéal. Le fonctionnaire chargé de ce soin glisse dans sa harangue une phrase pour déclarer qu'il saura sévir avec la dernière rigueur contre ceux qui ne sont pas de son avis.

Incompétence. — Manque de connaisance pour s'occuper ou parler d'une chose. (V. Ministre).

Indépendant. — Celui qui n'est ni ministre, ni député,
ni sénateur, ni fonctionnaire de quelqu'ordre que ce
soit, ni éligible, ni électeur, ni franc-maçon, ni jésuite,
etc., etc.

INDÉPENDANT. — Se dit aussi de celui qui ne se laisse pas
dominer par la volonté d'autrui, à moins que son intérêt
ne l'exige. (V. Député).

Ingérence. — Action de se mêler de ce qui ne vous
regarde pas. (V. Administration).

Insurrection. — Le plus sacré des devoirs pour celui
qui n'est pas au pouvoir. Crime de lèse-nation au point
de vue de celui qui détient l'autorité.

Intransigeant. — Celui qui ne transige jamais avec les
principes, jusqu'au jour où il obtient une bonne siné-
cure.

Israélite. — Celui qui professe la religion juive.

Le Juif est un financier ou un banquier qui s'enrichit
avec l'argent des gogos.

J

Jésuite. — Religieux destiné à être expulsé.

Plus on en expulse plus il y en a. (*Uno avulso non
deficit alter*).

Jacobin. — Modèle de tolérance politique.

Journal. — Il y a deux sortes de journaux, ceux qu
émargent sur les fonds secrets, et qui sont toujoursi
en admiration devant le ministère. Ceux qui n'émargent
pas soutiennent au contraire qu'il est impossible de
vivre sous une administration plus dégoûtante que celle
qui nous régit.

N. B. — Le lecteur est toujours de l'avis de son journal.

Justice. — Vertu qui fait qu'on respecte les droits
d'autrui. (V. Gouvernement).

L

Lécher. — Passer la langue sur quelque chose. **Ex.** : Lécher des confitures, les pieds d'un ministre.

Lenteur. — C'est abusivement qu'on dit les lenteurs administratives.

Libéral. — Qui est favorable à la liberté. Le gouvernement est très libéral... pour ceux qui pensent comme lui.

Libre. — Qui a la faculté de faire ce qu'il veut. Les français sont libres.

Liberté. — Mot qu'on inscrit sur les monuments publics.

On ne sait pas au juste ce que ça veut dire, mais ça fait bien. L'Académie prépare une nouvelle édition de son dictionnaire, et il est question de supprimer ce mot tombé en désuétude.

Liberté *personnelle*. — Défense à tout citoyen de faire ce qui lui convient.

Liberté *de la Presse*. — Défense aux journaux d'imprimer ce qui ne plaît pas au gouvernement. C'est la Cour d'assises qui est chargée de faire respecter cette liberté.

Liberté *de réunion*. — Défense de se réunir.

Liberté *d'association*. — Défense à ceux qui ne sont pas les amis du pouvoir de former des associations.

Les francs-maçons peuvent s'associer, les catholiques ne le peuvent pas. Lorsqu'il viendra un ministère clérical (tout arrive) les catholiques le pourront, mais ce sera défendu aux francs-maçons.

Liberté *de conscience*. — Défense de penser autrement que le ministre des cultes.

Liberté *religieuse*. — Défense d'apprendre un catéchisme non approuvé par le ministre. Le Pape est infaillible, le ministre des Cultes aussi.

Il y a des grâces d'Etat.

Liberté *politique*. — Défense de faire ce qui déplaît au gouvernement.

Liberté *des théâtres*. — Défense de représenter une pièce qui porte ombrage au ministre de l'instruction publique.

Liberté *de circulation*. — Défense de circuler ou de s'arrêter lorsque ça contrarie un sergent de ville, etc., etc.

Libre-échange. — Droit pour les étrangers d'écouler leurs marchandises sur les marchés français, sans contribuer aux charges qui incombent aux nationaux. C'est le contraire de la protection, qui consiste dans la défense aux français d'acheter à bon marché les produits qui ne se trouvent pas dans le pays.

Loi. — Syn. de défense. Lorsqu'on fait une loi nouvelle il reste toujours un petit morceau de liberté au croc de l'autorité. Les parfumeurs vendent de l'eau *pour* les taches de rousseur, il faut lire *contre*. Il en est de même en matière de loi. Ainsi : loi *sur* la liberté d'association veut dire loi *contre* la liberté.

Lois existantes, lois qui n'ont pas été abrogées, telles que les Capitulaires de Charlemagne, les Institutions de Saint-Louis, etc. Le pouvoir sait toujours les retrouver pour les appliquer au besoin.

M

Maire. — Le premier officier municipal de la commune, qui marie les gens et donne des signatures sans être payé pour cela.

Avec le Conseil municipal il prend des décisions qui sont exécutoires, si ça convient au préfet. (V. Libertés communales).

Manifestation. — Réunion sur la voie publique de gens qui éprouvent principalement le besoin de faire du tapage. Les gouvernements sont heureux de cette circonstance pour manifester leur énergie. C'est à peu près la seule occasion qu'ils aient d'en montrer.

Ménagement. — Egards qu'ont les ministres pour les adversaires dont ils ont peur. On ne ménage pas ceux qui sont les plus faibles.

Mentir. — Affirmer comme vrai ce qu'on sait être faux.

Les hommes d'Etat ne s'en privent pas, les journaux non plus.

Million (MILLIARDS). — Gros chiffres dont le ministre des finances se sert pour jongler.

Ministre. — Ce mot en latin vent dire serviteur. Les ministres ne devraient donc être que les serviteurs de l'Etat, mais ils agissent comme s'ils en étaient les maîtres.

Mirage. — Phénomène de réfraction au moyen duquel les ministres savent faire apparaître des objets qui n'existent pas.

Modération. — (V. Jacobin).

Monarque. — Personnage qui recevait une liste civile pour donner des signatures.

Monarchiste. — Celui qui rêve le retour de la Monarchie. Pour faire un civet prenez un lièvre, dit la cuisinière bourgeoise. Pour faire une Monarchie prenez un monarque. Malheureusement cet article est actuellement introuvable sur les marchés français.

Monopole. — Privilège que se donne l'Etat de vendre seul des produits de mauvaise qualité, tabac, allumettes, etc.

Mystification. — (V. Election).

N

Narcotique. — Discours ministériel qui fait sur les députés l'effet d'une injection de morphine.

Néant. — Résultat des travaux des Chambres.

Ni Dieu, ni maître. — Devise des anarchistes qui ne reconnaissent aucune autorité, ce qui ne les empêche pas d'obéir aveuglement au premier meneur venu.

Nul. — (V. Député).

O

Obéissance. — Les Français, a-t-on dit, sont ingouvernables, cependant ils sont des modèles d'obéissance au gouvernement, quel qu'il soit.

Obscurité. — (V. Déclaration ministérielle).

Officiel. — En France tout ce qui n'est pas officiel est nul et non avenu.

Ondoyant. — Montaigne a dit : « l'homme est ondoyant et divers ». Il n'a pas parlé des députés parce qu'ils n'étaient pas encore inventés.

Opinion publique. — Il y en a autant que de partis politiques. Le ministère se conforme toujours à l'opinion publique, c'est-à-dire à la sienne.

Opportuniste. — Celui qui a l'assiette au beurre et qui tient essentiellement à la garder.

Orageux. — Se dit des discussions de tous les corps délibérants.

Ouvrier. — Celui qui gagne très péniblement sa vie en travaillant comme un cheval.

Ouverrier. — Celui qui arrive à vivre sans travailler.

 N. B. — Il a quelquefois des outils.

P

Panama. — Sorte de canal dans lequel les intrigants de toute sorte se livraient à la pêche du million.

Paperasse. — Papier inutile (v. Administration).

Passe-droit. — Injustices que commettaient fréquemment les gouvernements monarchiques.

Patience. — Vertu spéciale aux contribuables.

Paysan. — Celui qui paie tous les impôts sans se plaindre. Sous l'ancien régime, la situation du paysan était intolérable. Il n'était pas traité en homme libre, ainsi on ne lui demandait même pas le service militaire. Il payait la taille, la capitation, le cens, la dîme, le champart, la gabelle, la corvée, le quint, le requint, etc. Aujourd'hui, ces impôts injustes ont été abolis, le paysan ne paie plus que : l'impôt sur les successions, la cote personnelle, la cote mobilière, l'impôt foncier, l'impôt sur la propriété bâtie, l'impôt sur les portes et fenêtres, l'impôt sur les locations, l'impôt sur les valeurs mobilières, l'impôt sur l'instruction obligatoire, l'impôt sur le sucre, l'impôt sur le tabac, l'impôt sur le vin, le cidre, la bière, le sel, etc., les prestations, les centimes additionnels départementaux et communaux. Il paie, en outre, avec joie l'impôt du sang.

Pension. — Gratification accordée à ceux qui n'en ont pas besoin.

Pétition. — Demande par écrit adressée à l'autorité et qui reste sans réponse.

Permettre. Mot vieilli. — En France, en effet, rien n'est permis. Autrefois les rois se servaient, avec une extrême réserve il est vrai, de ce mot. Mais il a été supprimé avec raison dans le langage politique. En effet, permission implique la reconnaissance d'un droit, on l'a remplacé par le mot autoriser qui est loin d'avoir la même valeur. Le mot autorisation n'indique nullement la constatation du droit, mais seulement la faveur accordée par l'autorité, sous son bon plaisir, faveur qui peut toujours être retirée par le pouvoir, qui, seul est souverain maître des droits du peuple.

Piège. — Instrument destiné à prendre les animaux, et dans lequel tombent les ministres.

Politique. — Aliénation mentale.

Poudre. — Poussière, balayures des Chambres et des ministères que les gouvernants recueillent avec soin pour la jeter aux yeux des administrés.

Poussière. — Employé dans cette phrase : « Souviens-toi que tu n'es que poussière et que tu retourneras dans la poussière. » Les cléricaux s'en servent dans leurs prières, ce qui horripile les gros bonnets politiques. Ils se figurent que cette imprécation s'adresse à eux.

Préfet. — Fonctionnaire qui reçoit un gros traitement pour être logé aux frais du département et faire de temps en temps un discours à un comice agricole. Le sous-préfet est un fonctionnaire qui reçoit un traitement dérisoire. Sa principale fonction est de faire des discours aux banquets de pompiers.

Préjugé. — Chose complètement ignorée des hommes au pouvoir ; ceux qui en ont n'y arrivent jamais.

Pression. — Action du gouvernement sur les élections pour assurer la liberté du vote.

Président de la République. — Celui qui préside aux destinées de la République. Il y a une énorme différence entre un président de la République et un roi constitutionnel. Le roi habitait les Tuileries, le président habite l'Elysée. On appelait le roi : Sire ; on appelle le président : Monsieur. Le roi signait des ordonnances ; le président signe des décrets. Comme le roi, il n'a pas besoin de lire ce qu'il signe.

Le roi touchait une liste civile fort élevée ; le président touche un traitement insignifiant, qui lui permet de vivre en mangeant sa fortune personnelle. Le roi avait le droit de rester chez lui ; le président est obligé d'aller inaugurer les monuments dans toute la France. Les rois entretenaient des danseuses et les palais nationaux ; le président n'entretient rien du tout. Enfin le monarque abdiquait ; le président donne sa démission.

Prêtre (CLÉRICAL). — L'influence des prêtres est désastreuse ; s'il n'y avait plus de prêtres catholiques, il n'y aurait plus d'opposition. Personne n'ignore que le bras des dynamitards est armé par les curés.

Prince. — Citoyen privé de ses droits politiques.

Il est généralement en exil, sans cela personne ne se douterait de son existence.

Privilège. — Autrefois ce mot signifiait avantage en dehors du droit commun. Ce mot a changé de signification. Il s'applique aux rares citoyens qui jouissent encore d'un droit naturel. Ainsi, on dit que les bouilleurs de crû ont un privilège parce qu'ils peuvent faire ce qu'ils veulent de leur récolte.

Prodigalité. — (V. Ministre des finances).

Prolétaire. — Citoyen qui ne paie d'autre impôt que celui de l'alcool.

Protestation. — Acte par lequel on demande la nullité de l'élection d'un réactionnaire. Sous la monarchie on ne protestait que contre l'élection des républicains.

Pudeur. — Mot dont la signification paraît ignorée des hommes politiques.

R

Radical. — Ennemi des institutions publiques. Lorsqu'ils arrivent au pouvoir, ils en sont le plus ferme soutien.

Réactionnaire. — Celui qui a goûté de l'assiette au beurre et qui voudrait bien la ravoir.

Receveur. — Celui qui reçoit les deniers publics. Autrefois il y avait aussi des payeurs, mais ce terme avait l'inconvénient de faire croire aux contribuables qu'ils avaient le droit d'être payés.

Rebelle. — Celui qui a le malheur de ne pas partager la manière de voir du gouvernement.

Remanier (RETOUCHER). — Remanier une loi, la rendre moins libérale. Remanier un impôt, le rendre plus onéreux.

Représentant (DÉPUTÉ). — Ainsi nommé parce que sa conduite, ses discours, ses votes représentent exactement l'opinion des électeurs.

Restituer. — Rendre ce qui a été pris injustement. L'Etat ne restitue jamais, parce qu'il ne perçoit jamais que ce qui est rigoureusement dû.

Réussir. — Arriver à se procurer une bonne place. Jouer à la bourse à coup sûr.

Revisionniste. — Révolutionnaire de la pire espèce qui demande la revision de la constitution, comme s'il ignorait que la constitution est la vérité absolue et que tout ce qui est à côté est l'erreur.

Révolutionnaire. — (V. Conservateur).

Route. — Voie de communication que l'Etat est censé entretenir en bon état.

S

Saltimbanque. — (V. Cabotin, Député).

Scie. — Lame d'acier garnie de dents, dont certains orateurs se servent pour faire leurs discours.

Scolaire. — (V. Prodigalité, Centimes additionnels).

Séance. — Réunion, dans une salle en demi cercle, de messieurs, dont les uns dorment, les autres font leur correspondance, causent. interrompent pendant qu'un autre monsieur, placé derrière un comptoir élevé, parle de choses dont il ne sait pas le premier mot, ce qui a peu d'inconvénients, parce que neuf fois sur dix on ne l'entend pas.

Secrétaire. — Celui qui rédige par écrit les délibérations de l'assemblée. Des sténographes sont payés pour faire son travail.

Séditieux. — Celui qui se permet de dire que tout n'est pas parfait dans le gouvernement.

Séminaire. — Lieu dans lequel on réunit des jeunes gens pour les élever dans la haine de l'Etat.

Servitude. — C'est une grande servitude pour les députés de se rendre tous les jours, à la même heure, à la séance ou dans les bureaux. Il y a bien quelques députés fin de siècle qui ont le courage de s'en affranchir.

Sèvres. — Manufacture dans laquelle l'Etat fabrique à grands frais des produits de qualité tout à fait inférieure, que la moindre fabrique de Limoges aurait honte de vendre. Aussi les porcelaines de cette maison ne se vendent pas. C'est assez bon pour faire des cadeaux à des souverains étrangers, et donner en prix à des comices agricoles, sociétés de tir, etc.

Signer. — Mettre son nom au bas d'un papier dont on ignore le contenu. Il y a des hommes d'Etat qui passent plusieurs heures par jour à cette occupation, et on s'étonne qu'ils deviennent gâteux !

Somnolence. — Disposition particulière aux sénateurs et aux députés, et aussi à quelques magistrats, mais rarement.

Sorbonne. — Grand bâtiment assez laid, situé à Paris, dans lequel le ministre de l'instruction pnblique fait de temps en temps un discours pour établir que nous vivons sous un régime vraiment démocratique, que le peuple n'a jamais été si heureux, etc. — (V. Comice agricole, Inauguration.)

Soutirer. — Transvaser une chose d'un récipient dans un autre. Ex : l'argent de la poche du contribuable dans celle de l'Etat.

Spéculation. — Manière de s'enrichir absolument interdite à ceux qui détiennent le pouvoir.

Aussi les ministres sont généralement ruinés lorsqu'ils tombent du char de l'Etat.

Statue. — Morceau de marbre, de bronze ou de pierre, qui est censé représenter une célébrité locale, complètement inconnue, et que l'on inaugure sur une place publique. Un ministre en profite pour déclarer qu'il est heureux de constater que nous vivons sous un régime... etc. Il ajoute que le personnage représenté, fût-ce Saint-Louis ou Jeanne d'Arc, était un vrai républicain.

N. B. — On inaugure les statues la veille des élections, jamais le lendemain.

Sucre. — Matière cristallisée, d'une saveur très douce, qui s'extrait de la canne à sucre et de la betterave, et qui sert à produire des impôts. De temps en temps, lorsqu'il y a un déficit dans le budget, on surimpose le sucre, mais rarement, tous les deux ou trois ans au plus.

Sueur. — Excrétion qui sort de la peau du pauvre peuple, et qui sert à engraisser les bourgeois.

La sueur de bourgeois sert à son tour à engraisser les Juifs. Ces derniers ne suent pas.

Supprimer. — Le dictionnaire de l'Académie donne comme exemple « supprimer des impôts ». Cette citation est fort mal choisie, les immortels devraient savoir qu'on supprime quelquefois des libertés, mais jamais d'impôts, on se borne à en établir de nouveaux.

Sympathique. — Qualification donnée aux ministres dans les discours officiels, dans les toasts, etc.

T

Talent (Homme de). — (V. Député.)

Toast. — Discours improvisé prononcé par un fonctionnaire dans un banquet public. Il est heureux de déclarer que nous vivons sous le plus aimable des gouvernements, que jamais les populations n'ont été si heureuses etc. (V. Inauguration, Comice agricole, etc.)

Tolérance. — Vertu dominante du gouvernement, surtout lorsque le pouvoir est aux mains des radicaux.

Tournée. — Voyage que fait un fonctionnaire qui profite de l'occasion pour déclarer qu'il est heureux de constater, etc. (V. Toast, Inauguration, etc.)

Travail. — En France, le travail manuel est justement honoré et largement rémunéré. Aussi les ouvriers sont tous riches et heureux, les patrons ayant l'habitude de partager équitablement leurs bénéfices avec les ouvriers.

Travailleur. — Ouvrier qui a soin de ne jamais travailler. Il parle dans les réunions publiques et vit de son état.

Trésorerie (Opération de). — Les virements de fonds étant interdits, on a remplacé cela par l'opération de trésorerie. C'est, au fond, exactement la même chose.

Triomphe. — Notable succès. On dit d'un ministère qui a une voix de majorité, qu'il a remporté un véritable triomphe sur l'opposition.

Trou. — Ouverture plus ou moins profonde que l'on fait dans la lune ou dans le budget.

Trouble-fête. — Député de l'opposition.

Tutelle *Administrative*. — Protection imposée par l'Etat aux communes et autres établissements publics, qui s'en passeraient bien, mais c'est l'usage.

U

Urne. — Boîte dans laquelle les électeurs et les députés déposent de petits morceaux de papier dont ils ignorent la destination.

Utopie. — Plan de gouvernement rêvé par ceux qui ne sont pas au pouvoir. Lorsqu'ils y arrivent, ils font exactement la même chose que leurs prédécesseurs.

V

Valeur. — Ce que vaut une chose. Il y a des journaux qui prétendent que nos hommes politiques n'en ont aucune. Quelquefois les fonds secrets les guérissent de leur aveuglement et ils reconnaissent alors que les ministres en ont énormément. Tant vaut la subvention, tant vaut le ministre.

Vénal. — Qui se vend, qui est à vendre. S'applique à une certaine presse, et même à de certains électeurs.

Vérité. — En vertu d'une fiction parlementaire, on est convenu d'appeler en politique vérité la manière de voir du ministère.

Vertu *civique ou politique.* — Qualité qui n'a aucun rapport avec la morale.

Veste. — Sorte de vêtement court que remportent souvent les hommes politiques.

Vocation. — Disposition ou inclination que l'on se sent pour un état. Quelqu'invraisemblable que ça paraisse, il y a des gens qui ont la vocation d'être ministres.

Voyageur. — (V. Député.)

Z

Zinc. — Sorte de métal blanc-bleuâtre qui s'emploie chez les marchands de vin à préparer les élections.

APRÈS-PROPOS

Dans le travail que nous offrons au public, peut-être bien, involontairement, s'est-il glissé quelques erreurs ; nous comptons sur l'intelligence de nos lecteurs pour les rectifier, mais ils nous rendront cette justice, c'est que ce dictionnaire est fait sans parti-pris et sans aucune passion ; nous avons seulement voulu faire prévaloir la vérité. On nous reprochera peut-être d'avoir parlé de choses que nous ne connaissons qu'imparfaitement ; nous ne sommes, en effet, ni député, ni conseiller général, ni conseiller municipal, ni marchand de tabac, etc. Si un jour, par hasard, nous devenions dépositaire d'une portion, quelque minime qu'elle soit, de l'autorité publique, peut-être nos idées se modifieraient-elles. Nous publierons alors une nouvelle édition de cet opuscule, et nous pourrons faire de nombreuses rectifications, et dire blanc ou nous avons dit noir.

PITHIVIERS. — IMPRIMERIE FORTEAU

83